AF562523

PÉTITION

ADRESSÉE A MESSIEURS

LES DÉPUTÉS

PAR G. SOUQUET

IMPRIMEUR A ARRAS,

CONTRE

M. LE BARON DE TALLEYRAND,

PRÉFET DU PAS-DE-CALAIS.

Se Distribue Gratis.

A ARRAS,

CHEZ G. SOUQUET, IMPRIMEUR DU PROPAGATEUR,

Rue St.-Jean-en-Lestrée, N° 17,

1831.

A MESSIEURS

LES

Députés de la France,

MESSIEURS,

Dans une circonstance solennelle, vous avez dit dernièrement au Roi des Français que l'homogénéité de l'administration dans toute sa hiérarchie, son exercice remis en des mains capables et pures, fidèles aux principes de la révolution de Juillet, imprimeraient à son gouvernement un ensemble qui doublerait son énergie : Et pourtant, Messieurs, il n'en est rien. Les administrateurs fidèles aux principes de la révolution de Juillet, et ils étaient en petit nombre, sont presque tous maintenant frappés de disgrâce. Ceux qui restent, malgré d'étranges concessions, ignorent encore s'ils pourront payer les faveurs ministérielles par le sacrifice de leur indépendance. Dans l'action rétrograde qui les comprime, ils n'osent se rappeler ni l'origine de leur institution, ni l'énergie de leurs principes, ni même la chaleur patriotique de leur premier langage. Oui, Messieurs, l'administration se corrompt; et si vous n'y veillez, les lois que vous préparez à la France pour cimenter sa régénération, ne trouveront bientôt plus dans les départemens, de fonctionnaires capables de les comprendre ni de les faire exécuter.

Cette assertion vous paraît étrange, Messieurs, je vais la justifier, veuillez m'écouter.

Imprimeur à Arras depuis plusieurs années, j'avais consacré mes presses à l'impression du *Propagateur*, c'est-à-dire à l'opposition libérale. Au jour périlleux des ordonnances, ces presses, moins protégées en province qu'elles ne l'eussent été à Paris, furent saisies, démontées, enlevées et en grande partie détruites par la fureur despotique du préfet et du maire de la ville d'Arras. Je protestai contre cette violation de tous mes droits, je réclamai devant les magistrats; et justice me fut refusée !

La révolution de Juillet pouvait seule arrêter le prélude de ce 93 monarchique, et je ne dus qu'à son triomphe de rentrer en possession des débris de ma propriété, débris hors d'usage, car les presses avaient été brisées, mutilées, et les caractères d'imprimerie, entassés par monceaux sur de lourdes charrettes, avaient jonché la ville et signalé à l'indignation du peuple le chemin de leur ignoble translation.

Ma perte s'élevait à plusieurs milliers de francs, elle comprenait une partie de ma fortune, et cependant, au retour de la liberté, redevenu calme et généreux, satisfait du bonheur de la France, j'acceptai, par transaction, une faible indemnité de M. Blin de Bourdon, auteur de la destruction de mes presses.

M. Cahouet, qui fit connaître aux habitans du Pas-de-Calais ce que doit être un préfet sous un Roi-citoyen, sut apprécier ce sacrifice; et, pour m'en dédommager, et honorer en même tems ma résistance au despotisme, me chargea de la moitié de ses impressions. Ce n'était point un privilége qu'il entendait m'accorder, mais un droit qu'il me rendait, puisque, sous la vieille administration, j'avais été privé de toute participation au travail de la préfecture.

Mais M. Cahouet fut bientôt enlevé à la confiance des habitans du Pas-de-Calais. Ils ignoraient, avec lui, ce qu'était en pratique le système d'administration des ministres du 13 mars, de ces hommes qui ne vivent que de prévisions entre deux trônes, que de prudence entre la chute de la liberté et le rétablissement du despotisme. Son successeur vint le leur apprendre. Sa première haine fut pour le *Propagateur*, et ne pouvant l'atteindre, il s'en prit à son imprimeur. M. le baron de Talleyrand me fit d'abord comprendre que ses principes ne pouvaient admettre que l'imprimeur d'un journal fût celui de son administration. Ainsi, sous l'apparence d'une neutralité puérile, il créait une entrave à mon industrie, il transformait en faveur ce qui n'était qu'une juste réparation, et m'obligeait, pour la mériter, à étouffer ma conscience. Je résistai. M. le baron de Talleyrand me fit alors entendre un autre langage. Il ne voulait plus, disait-il, qu'un seul imprimeur pour tous ses travaux, et c'était à la lutte d'une adjudication qu'il voulait en confier le choix. Ici, l'idée de l'administrateur me parut équitable, et j'y applaudis. Concurrence ouverte à l'industrie, libre accès à tous les citoyens c'était rentrer dans toutes mes maximes. Je fis alors connaître mes prix; ils furent moins élevés que ceux de mes concurrens, je devais donc obtenir la préférence, je devais être déclaré publiquement adjudicataire. Et cependant, Messieurs, le croirez-vous? Par un inconcevable mépris de toutes les règles, M. de Talleyrand ne tint point de procès-verbal d'adjudication et me déclara positivement que je ne pouvais profiter du bénéfice de ma soumission qu'en cessant d'imprimer le journal patriote. Sur mon refus, le travail de la préfecture fut remis à l'imprimeur qui, aux élections du mois de juin 1830, fit sortir de ses presses un libelle anonyme contre le candidat libéral à la députation de l'arrondissement d'Arras, et rien depuis n'a pu désarmer l'acharnement passionné de M. de Talleyrand contre moi, pas même le sentiment de ses devoirs et de sa propre conservation, car il m'a privé, ce que n'auraient pas fait les préfets de Charles X; il m'a privé de la confection d'une partie des listes électorales de cette année, et c'est pour cette raison que, par l'insuffisance des imprimeurs d'Arras, ces listes n'ont point été affichées au 15 août, époque de rigueur, indiquée par la loi du 19 avril 1831.

Je vous le demande, Messieurs, la conduite illégale et despotique de M. de Talleyrand ne proscrit-elle pas tout entière la révolution de Juillet? Ne porte-t-elle pas à la liberté de la presse la plus violente atteinte qu'elle ait jamais reçue, même sous la restauration? Notre nouvelle Charte, plus légitime, plus chère au peuple que celle de 1814, n'est-elle pas comme elle heurtée par les mêmes attaques, violée par le même arbitraire? Que devient sous une pareille administration la liberté d'opinion et d'industrie? Que dois-je faire maintenant pour que le pouvoir ne soit pas injuste envers moi? Faut-il que, reniant tous mes sentimens de Français, j'enlève à l'opinion publique un de ses puissans organes? Faut-il que je foule à mes pieds cette médaille de Juillet que j'ai reçue pour prix de mon courage et de mon indépendance? Non, Messieurs, jamais vous ne penserez que celui qui commande un pareil abrutissement, qui impose un tel servilisme, soit fidèle aux principes de la révolution de Juillet. Vous déciderez, au contraire, que ses mains, incapables et impures, souillent le pouvoir qu'il représente, et que ce pouvoir est infidèle à la France et traître envers le Roi-citoyen, en ne brisant pas un instrument aussi dangereux et aussi corrompu.

Cependant, Messieurs, cet acte de prudence n'est pas ce que je viens demander, il appartient au pouvoir, et je ne veux rien dérober à sa précieuse prérogative. Je n'ai pas besoin de vengeance. D'autres vous apprendront les antécédens d'absolutisme de M. le baron de Talleyrand, ils vous diront toutes ses antipathies pour la liberté. Je ne vous signale que sa conduite arbitraire, parce que j'ai besoin de justice, parce que cette conduite est funeste au trône populaire de 1830, et que par suite elle ne peut être approuvée par aucun ministre, quel qu'il soit. Messieurs, voici ce que je demande.

L'abonnement du préfet du Pas-de-Calais pour les frais de bureaux est de 40,000 fr., non compris les frais de tournée extraordinaires et ceux du recrutement annuel. Deux tiers de cette somme doivent être justifiés par quittances d'employés divers. L'autre tiers, affecté pour une petite partie aux impressions de cabinet, est, par un usage du pouvoir absolu que les ministres actuels se plaisent à perpétuer, dispensé de toute justification; le préfet en dispose à sa guise et sans aucune responsabilité; mais le reste comprend toutes les impressions relatives aux hospices, aux prisons, aux municipalités, aux formules de leurs comptes et aux budgets, en un mot à tout ce qui pèse sur les communes et les établissemens de bienfaisance, et qui surpasse de beaucoup la valeur des impressions personnelles du préfet. Certes, Messieurs, vous sentirez qu'il y aurait abus et même forfaiture de la part d'un préfet, de se refuser pour tous ces objets à l'avantage des soumissions. Les communes et les établissemens de bienfaisance ne sont déjà que trop accablés de charges de toute espèce, pour les priver de l'économie des adjudications.

Je demande donc que M. le préfet du Pas-de-Calais soit tenu non pas d'exécuter une convention dont lui-même avait cependant fixé les conditions à l'avance : je consens à renoncer à des avantages loyalement acquis et à lui faire grâce d'un acte de mauvaise foi que le plus humble et le plus pauvre citoyen rougirait de commettre; mais je demande, conformément aux observations que je viens de vous soumettre, que M. le préfet soit tenu de r'ouvrir la liste pour mettre en adjudication toutes les impressions qui rentrent dans l'administration des hospices, des prisons, de la police municipale, des budgets communaux et autres de même nature. Cette demande intéresse à-la-fois les communes et l'industrie, elle met la presse à l'abri de ces misérables tracasseries ministérielles que nous n'avons que trop long-tems déplorées, enfin elle enlève aux administrateurs la possibilité d'être injustes et tyrans, et c'en est assez, Messieurs, pour qu'elle obtienne de vous l'appui qu'elle mérite et que j'invoque avec la plus grande confiance.

Je suis avec le plus profond respect,

Messieurs,

Votre très humble et très obéissant serviteur,

G. SOUQUET.

Imprimeur du Propagateur.

Arras, le 2 Septembre 1831.

OPINION

Des Journaux de Paris et des Départemens sur l'acte illégal et inconstitutionnel commis par M. le baron DE TALLEYRAND, *Préfet du Pas-de-Calais, envers* G. SOUQUET, *Imprimeur à Arras.*

LE PROPAGATEUR DU PAS-DE-CALAIS (22 juin).

Sous le dernier gouvernement, l'opposition libérale fut unanime pour réclamer contre les obstacles que le pouvoir mettait à la publication des journaux, pour flétrir les administrateurs qui essayaient de mettre en chaîne la pensée. La révolution de juillet éclata : avec elle tomba la nouvelle censure décrétée par l'ordonnance contresignée Peyronnet. Les presses de M. Souquet, imprimeur du *Propagateur*, arrêtées, saisies, à moitié détruites, se relevèrent : la parole fut libre, et la liberté de la presse sembla à jamais consolidée.

M. Souquet qui, au jour périlleux des ordonnances, avait protesté contre leur illégalité; qui, à ses presses saisies, en avait fait succéder une autre avec laquelle il propageait, pendant la grande semaine, les principes de la résistance à l'oppression; M. Souquet reçut de la nouvelle administration le prix de son patriotisme : il obtint une moitié des impressions de la préfecture du Pas-de-Calais. Ce n'était pas ici un privilége, c'était un droit. Privé sous l'ancien gouvernement de toute part dans le travail de la préfecture, il était appelé à y participer maintenant que les principes pour lesquels il avait souffert obtenaient l'avantage ; maintenant que le nouvel ordre de choses pour lequel il avait combattu, sortait triomphant de la guerre que le despotisme lui avait livrée. M. Souquet devint donc, comme à Lille, M. Leleux, imprimeur de l'*Echo du Nord*; comme à Amiens, M. Bourbon-Caron, imprimeur de la *Sentinelle Picarde*, etc., etc.; M. Souquet devint donc, aussitôt la révolution de juillet, l'imprimeur de la préfecture, et il conserva ce titre jusqu'à l'arrivée à Arras, de M. le baron de Talleyrand.

Mais avec le nouveau préfet, la marche des affaires devait changer dans le Pas-de-Calais. A M. Cahouet, ancien officier des armées de la république et de l'empire, succédait M. le baron de Talleyrand, ex-émigré qui, pendant dix ans, avait servi les ennemis de la France ; à un administrateur destitué par la restauration, succédait un partisan de la dynastie qui, dans nos jours de deuil, nous imposa l'étranger ; à un homme persécuté en 1815, succédait un membre de la chambre introuvable, persécutrice des patriotes ; à un préfet de l'intègre Dupont de l'Eure, succédaît enfin un préfet des ministères Montesquiou, Villèle, Labourdonnaye et de Montbel.

Sous un ministre national, M. le baron de Talleyrand, destitué après la révolution de juillet, n'aurait jamais été réemployé; mais il fallait que M. Casimir Périer gouvernât de manière à plaire à la sainte-alliance; il fallait qu'il fît des élections dans l'intérêt, non de la France, mais d'un parti; il fallait qu'il obtînt des députés qui votassent pour le maintien de l'hérédité de la pairie, pour la conservation des monopoles, et pour de lourds budgets. M. Cahouet avait proclamé sa neutralité en matière d'élections, il fut destitué; et M. le baron de Talleyrand fut octroyé au Pas-de-Calais.

Le nouveau préfet arriva, et si nous pouvions révéler les confidences de cabinet, nous dirions comment il se mit à l'ouvrage. Il s'y mit, voilà l'important. Mais tout d'abord, et il en avait été prévenu, un journal le gêna : c'est le *Propagateur*, et le *Propagateur* en gêna bien d'autres aussi et plus puissans que lui. Mais M. Souquet, imprimeur de la préfecture, est aussi l'imprimeur du *Propagateur*. Empêcher donc la feuille importune de paraître, serait un coup de maître, et M. de Talleyrand le tenta. M. Souquet fut appelé; le préfet dit à l'imprimeur qu'il ne voulait plus qu'un seul imprimeur pour les travaux de la préfecture; qu'il mettrait ses impressions en adjudication. L'administrateur était dans son droit : concurrence ouverte à l'industrie, point de privilège, c'est notre maxime. M. Souquet soumissionna, offrit les plus bas prix, et devait devenir adjudicataire. Il le devint en effet, mais à une condition nouvelle, condition imposée après coup; condition qu'il ne pouvait accepter, qu'il n'accepta pas; condition qui est une atteinte à la liberté de la presse à laquelle on met ainsi des entraves, et au journalisme qu'indirectement on proscrit; à la condition qu'il cesserait de prêter ses presses au *Propagateur*, journal que M. Souquet imprime depuis trois ans, et pour lequel, au mois de juillet, il a bravé la colère du pouvoir, et vu ses ateliers envahis et dévastés par les ordres de M. Blin de Bourdon, alors collègue de M. le baron de Talleyrand.

Entre la clientelle d'un préfet à exclusion antipathique, et celle d'un journal libéral, ami de toutes les industries, M. Souquet n'a pas hésité; il garde l'impression du *Propagateur*, et perd le travail de la préfecture, il perd ce travail, mais pour un tems seulement, tems qui sera court, car sous la Charte de 1830 qui proclame la liberté de la presse, qui veut que chaque Français puisse exercer son industrie à son gré, sous un prince qui a dit que la Charte serait désormais une vérité, un administrateur n'est point propre à de hautes fonctions, qui enfreint les clauses d'une adjudication, qui fait tomber sa disgrâce sur un bon patriote, un citoyen capable et zélé, par cela seul qu'il prête ses presses à un journal de l'opposition.

LE PROPAGATEUR (26 juin).

La presse périodique ne pouvait rester indifférente à l'atteinte portée à la liberté de la presse par M. le baron de Talleyrand; le *Mémorial de la Scarpe*, qu'on ne saurait accuser d'aucune exagération libérale, après avoir reproduit l'article inséré dans le *Propagateur* du 22, le fait suivre de ces réflexions, empreintes d'une juste sévérité et d'une consciencieuse indignation.

« Si les faits rapportés par notre confrère sont vrais, comme nous n'avons nulle raison d'en douter, la conduite de M. le préfet du Pas-de-Calais nous paraît inexcusable. C'est l'atteinte la plus grave qui, depuis la révolution de juillet, ait été portée à la liberté de la presse et à celle des opinions, c'est plus, c'est une atteinte à la liberté de l'industrie, c'est la mauvaise foi, la déloyauté introduites par l'administration dans ses transactions avec les particuliers. Si un fait semblable restait impuni, le ministère assumerait sur lui toute la déconsidération qui doit en résulter pour l'auteur, car l'excuser ce serait presque l'approuver. »

JOURNAUX DE PARIS.

LA RÉVOLUTION (25 juin).

Les premiers actes de M. le baron de Talleyrand, préfet du Pas-de Calais, ont complètement justifié les répugnances que le département a témoignées à l'arrivée du nouvel administrateur. Ils ont prouvé que ce fonctionnaire qui, dans sa jeunesse, porta les armes contre la France, qui, plus tard, suivit le roi à Gand; qui fut de la chambre introuvable, qui servit le ministère Polignac, n'est venu dans le Pas-de-Calais que pour influencer les élections, que pour exercer de ces actes arbitraires tant en honneur sous la restauration.

Un journal de l'opposition existe à Arras; il gêne M. le baron de Talleyrand, et M. de Talleyrand a médité de le faire tomber. Mais le *Propagateur* du Pas-de-Calais a un puissant patronage dans la population: lui enlever ses abonnés, est impossible; lui ôter son imprimeur, serait un coup de maître.

Après la revolution de juillet, M. Souquet, dont on avait brisé les presses à l'époque des ordonnances, partagea, avec un second imprimeur, le travail de la préfecture: c'était sous l'administration de M. Cahouet. M. de Talleyrand le remplaça; il ne voulut plus qu'un imprimeur, et mit ses travaux en adjudication. M. Souquet offrit les plus bas prix; il devait donc être adjudicataire, il le fut en effet, mais, qui le croirait? à la condition que lui imposa M. de Talleyrand, à la condition de cesser de prêter ses presses au journal qu'il imprime depuis trois ans, et pour lequel, au mois de juillet, il a bravé la colère du pouvoir, et a abandonné à la police la destruction de sa propriété.

M. Souquet a refusé, et, dans une réclamation qu'il a adressée au président du conseil, il dénonce le nouvel attentat fait à son industrie; il réclame une adjudication dont il a été le plus bas soumissionnaire, et que, sans se rendre coupable de prévarication, M. de Talleyrand ne peut donner à d'autres sans surcharger le budget des communes, des hospices, d'une augmentation dans le prix d'une impression qu'on avait soumissionnée à meilleur marché.

Nous verrons si le ministre fera droit à la demande de l'imprimeur.

LES COMMUNES (25 juin).

On se rappelle les odieuses manœuvres à l'aide desquelles les préfets des Villèle et des Polignac tentaient d'entraver la liberté de la presse, en enchaînant l'indépendance des imprimeurs. On épouvantait les uns en leur faisant craindre la perte de leurs brevets; on séduisait les autres en leur faisant espérer des avantages ou des priviléges. Menaces ou promesses, tous les moyens de corruption étaient bons pour les séïdes du pouvoir déchu. On voyait alors s'établir, dans certains ateliers d'imprimerie, une espèce de censure qui mettait obstacle à la libre émission de la pensée, et plus d'une fois les tribunaux ont été appelés à se prononcer sur le mérite de semblables prétentions.

Ne croirait-on pas, en lisant le fait suivant, être encore en l'an de grâce 1829?

Un imprimeur servait à-la-fois la préfecture et le journal patriote d'un département. M. le préfet, qui, le même que monseigneur son patron, ne pense pas qu'il soit convenable de cumuler les profits des faveurs administratives avec les avantages de l'opposition, a privé des travaux de la préfecture l'industriel qui, cependant, s'en était rendu adjudicataire en offrant le plus bas prix: mais il avait repoussé avec la loyauté d'un homme probe et d'un bon citoyen, une condition illicite et odieuse, celle de refuser ses presses à la feuille libérale, et M. le préfet ne pouvait rien, pas même être juste, pour celui dont l'ame indépendante ne sait pas se façonner aux allures de l'obéissance passive.

Ce fait pourtant est arrivé en 1831: le préfet est M. de Talleyrand, qui a succédé, dans le Pas-de-Calais, à M. Cahouet, destitué par M. Casimir Perrier; l'imprimeur est M. Souquet, décoré de juillet, qui, au mois de juillet, a bravé la colère du pouvoir, et vu ses ateliers envahis et dévastés par les ordres de M. Blin de Bourdon, alors collègue de M. de Talleyrand. Ce journal est le *Propagateur du Pas-de-Calais*, qui s'est toujours fait remarquer autant par le talent de sa rédaction que par l'énergique sagesse de son opposition.

LA TRIBUNE (25 juin).

On s'évertue de plus en plus à nous prouver que nous sommes revenus au bon tems de la restauration. Le *Propagateur* donne aujourd'hui le fait suivant.

La *Tribune* cite en entier l'article publié dans le *Propagateur* du 12 juin. (1)

GLOBE (25 juin).

Le *Propagateur du Pas-de-Calais*, dans son numéro du 22 juin, se plaint, avec une juste raison, d'une atteinte portée à la liberté de la presse par M. le baron de Talleyrand, préfet d'Arras.

Le *Propagateur du Pas-de-Calais* est un des journaux de département les plus recommandables. Nous en avons quelquefois communiqué des extraits à nos lecteurs. Il a puissamment contribué à aviver et à organiser l'opposition anti-bourbonienne dans le Pas-de-Calais; et le rédacteur en chef, M. Frédéric Degeorge, a fait preuve, sous la restauration, d'un généreux dévoûment. Il est un de ces hommes qui n'ont pas hésité à jouer leur vie en acceptant un rôle actif dans les sociétés secrètes instituées pour le renversement des Bourbons. M. Souquet, imprimeur du *Propagateur*, fut un des premiers à protester contre les absurdes ordonnances de Charles X, et ses presses furent brisées. Après juillet, pour prix de sa courageuse résistance à l'audacieuse tentative de contre-révolution, il obtint du nouveau préfet, M. Cahouet, une moitié des impressions de la préfecture. M. de Talleyrand succéda à M. Cahouet. A peine le neveu du *célèbre* diplomate fut-il installé qu'il s'écria: « Point de privilége! concurrence ouverte à l'industrie! c'est notre maxime. » Et il ôta à M. Souquet sa demi-fourniture pour mettre la fourniture entière de la préfecture en adjudication. Jusque là M. de Talleyrand n'était point sorti de cette *légalité* à laquelle le *juste-milieu* paraît tant tenir. M. Souquet *soumissionna*, offrit le plus bas prix, et devint *légalement* adjudicataire. Mais M. de Talleyrand, qui ne voulait pas que ses protocoles sortissent de la même presse qu'un journal d'opposition, fit à M. Souquet cette condition *sine quâ non*: « Vous serez imprimeur de la préfecture, mais vous n'imprimerez plus le *Propagateur*. » M. Souquet n'a pas hésité un seul instant, il a renoncé au bénéfice de l'adjudication, et il est resté imprimeur du *Propagateur*.

Quel profit peut-on espérer de ces persécutions mesquines qui firent un

(1) Voir l'article du *Propagateur*, page 6.

tort si grave à la restauration? Par ces intrigues contre la presse, ne justifie-t-on pas d'avance les jugemens sévères qu'elle pourra porter sur le système ministériel? On parle sans cesse de *légalité*; il n'est pas de harangue officielle où il ne soit dit que la *légalité* c'est la liberté, l'ancre de salut, la garantie de l'ordre et de la paix; est-il donc bien *légal* d'ôter à un imprimeur une fourniture qui lui a été bien et dûment adjugée? Nous n'accusons pas les ministres de ces menées, mais nous les avertissons qu'ils auront à en supporter la responsabilité, s'ils ne désavouent formellement les imprudens fonctionnaires dont le zèle maladroit les compromet.

COMMERCE (25 juin).

M. Gustave Souquet, imprimeur à Arras, a obtenu la médaille de juillet pour la conduite patriotique et courageuse qu'il a tenue dans la mémorable semaine, en continuant de publier le *Propagateur* malgré les ordonnances; il avait reçu une autre récompense de l'administration du département. M. Cahouet, préfet destitué du Pas-de-Calais, lui avait confié la moitié des impressions de la préfecture. M. de Talleyrand a espéré que M. Souquet, qui avait tout risqué pour résister à des ordonnances illégales, céderait à la crainte de perdre sa clientelle; et voici ce qui s'est passé, nous laissons parler le *Propagateur*: (1)

. . . .

. . . .

De pareils faits n'ont pas besoin de commentaire, et nous espérons que M. Casimir Perrier blâmera cet excès de zèle du ci-devant préfet de M. de Polignac. Il se rappellera l'effet que produisit sous le pouvoir déchu, un débat absolument pareil entre le préfet des Bouches-du-Rhône et l'imprimeur du *Sémaphore*.

LE CONSTITUTIONNEL (26 juin).

Qui ne se souvient des persécusions tracassières exercées contre la presse par les préfets de Charles X? S'élevait-il une feuille généreuse pour combattre un gouvernement qui marchait à l'absolutisme? La publication en était interdite à l'imprimeur de la préfecture qui se trouvait ainsi placé entre sa conscience et son intérêt. On n'a pas oublié ces arrêts de tribunaux qui ont forcé maint imprimeur à prêter à des journaux constitutionnels leurs presses qu'il leur avait refusées pour ne pas se ruiner en déplaisant à M. le préfet.

M. de Talleyrand, préfet du Pas-de-Calais, aurait il hérité de cette antipathie traditionnelle contre la presse? M. Souquet, imprimeur du *Propagateur*

(1) Voir l'article du *Propagateur*, page 6.

du Pas-de-Calais avait obtenu par adjudication les impressions de la préfecture. M. de Talleyrand qui n'aime point sans doute le *Propagateur*, journal consciencieux et grand ennemi des abus, enjoint à M. Souquet de refuser ses presses au *Propagateur* sous peine de se voir retirer les impressions obtenues par adjudication.

M. Souquet, en mettant son opinion au dessus de son intérêt, a fait acte de bon citoyen. Les impressions de la préfecture lui ont été arbitrairement retirées et coûteront plus chères, car M. Souquet avait soumissionné au plus bas prix.

Cette conduite est mesquine, elle fournit aussi un argument de plus contre le monopole de l'imprimerie, monopole qui, outre qu'il est contraire au développement des lumières, peut aussi rendre impossible l'exercice immédiate de la liberté de la presse.

COURRIER FRANÇAIS (25 juin).

Le *Propagateur du Pas-de-Calais*, journal patriote, qui gêne le *juste-milieu* et les carlistes, est imprimé par M. Souquet, qui est aussi l'imprimeur de la préfecture. Pour empêcher la feuille libérale de paraître, M. le préfet a imaginé de mettre en adjudication les impressions administratives. Jusque-là c'était fort bien ; M. Souquet soumissionna au plus bas prix et devint adjudicataire ; mais M. de Talleyrand voulut lui imposer après coup la condition de ne point prêter ses presses au *Propagateur*. M. Souquet n'a point hésité un moment ; il a rejeté le travail de la préfecture et gardé l'impression du *Propagateur*. Cette grave atteinte à la liberté de la presse a produit la plus douloureuse sensation sur les habitans d'Arras. Les bons citoyens gémissent de voir le gouvernement sorti des barricades, s'engager dans les mêmes voies qui ont amené la chute d'un trône en trois jours.

L'AVENIR (26 juin).

M. Souquet, imprimeur du journal *le Propagateur*, est aussi imprimeur de la préfecture du Pas de-Calais : pour empêcher cette feuille de paraître, M. le préfet a imaginé de mettre en adjudication les impressions administratives. Jusque là, l'administrateur était dans son droit, mais, en soumissionnant, M. Souquet restait également dans le sien ; il soumissionna donc : il offrit les plus bas prix et devint adjudicataire. Mais M. le baron de Talleyrand voulut lui imposer après coup la condition de ne pas prêter ses presses au *Propagateur*. M. Souquet n'a point hésité un moment sur le choix qu'il avait à faire ; mais il a perdu le travail de la préfecture, et fait peu de cas du patronage de M. le préfet. M. le préfet lui-même n'a-t-il pas compromis sa responsabilité en sacrifiant ainsi les intérêts de ses administrés à ses préventions contre un journal?

LE TEMPS (26 juin).

M. Gustave Souquet, imprimeur à Arras, tint, lorsque parurent les ordonnances de juillet, une conduite patriotique et courageuse; ses presses furent alors arrêtées, saisies, presque détruites; mais elles se relevèrent. M. Souquet reçut de M. Cahouet, préfet destitué du Pas-de Calais, la récompense de son civisme; il obtint une moitié des impressions de la préfecture. Mais lorsqu'à M. Cahouet vint succéder M. le baron de Talleyrand, le système de l'administration changea. Voici ce que raconte le *Propagateur* : (1)

. . . .

Nous pensons que le ministère ne voudra pas couvrir de son approbation l'excès de zèle du préfet du département du Pas-de-Calais, qui a essayé d'arrêter l'impression d'un journal libéral par l'appât de quelques frais de bureaux offerts à l'imprimeur. Sans doute il est permis à un fonctionnaire de vouloir pour organe de ses actes une feuille qui convienne à ses vues et à ses opinions; mais prononcer une exclusion contre la presse, parce qu'elle propage des opinions contraires, c'est en revenir aux plus déplorables erremens de la restauration. Nous espérons qu'une sévère réprimande de l'administration fera justice de cette prétention.

LE NATIONAL (26 juin).

De tous les coups portés à la révolution de juillet par le ministère Perrier, il n'en est aucun qui ait été plus vivement senti dans le Pas-de-Calais, que la destitution de M. Cahouet. Lors même que cet administrateur intègre et patriote eût été remplacé par un homme aussi respectable que lui, sa disgrâce eût encore profondément affligé le département; qu'on se figure donc les regrets des Artésiens lorsque chaque acte de leur nouveau préfet leur donne la certitude que c'en est fait pour eux des bienfaits d'une administration franche et patriotique. Dès son arrivée à Arras, M. le baron de Talleyrand, homme de la contre-révolution, a voulu faire croire à sa popularité par des moyens assez curieux : parcourir les rues de la ville à pied, en calèche; fréquenter les guinguettes, les fêtes de village; faire jouer le même rôle à sa famille sans prévoir les indiscrétions qui ont prouvé au peuple qu'elle n'y allait pas à cœur joie; mais, dans les salons de la préfecture, conserver les airs de cour, rechercher les flatteries des carlistes, leur parler avec l'efféterie d'un roi du droit divin : mais, dans l'administration, rendre obligatoire un

(1) Voir l'article du *Propagateur*, page 6.

mouvement rétrograde, effrayer les employés sur les dangers de leurs élans patriotiques, et enfin imposer pour condition à l'imprimeur de la préfecture de refuser ses presses au *Propagateur du Pas-de-Calais*, sous peine de perdre la royale cliente, telles sont, en substance, les tristes consolations qu'ont reçues les habitans d'un pays où le patriotisme est d'autant plus solide et profond, qu'il ne s'évapore pas en d'inutiles démonstrations. M. de Talleyrand paraît comprendre sa fausse position, car il semble plus triste que ne l'est maintenant M. Cahouet. Le changement d'imprimeur a désabusé les plus incrédules.

Ils y voient une atteinte portée à la liberté de l'industrie, des entraves à la publication d'un journal qui, depuis trois ans, rend les plus grands services à la cause de la liberté; ils voient que la révolution de juillet est détestée, bannie; ils voient qu'on ramène à grandes manœuvres tous les décors de l'ancienne monarchie, et un soupir leur échappe, même auprès de M. de Talleyrand, qui doit, en administrateur fidèle, le transmettre à M. Perrier; car ce soupir veut dire : « Quand reverrons-nous M. Cahouet, préfet patriote, destitué pour faire place à un homme qui porta pendant dix ans les armes contre la France, qui fut de la chambre introuvable, qui alla à Gand, et que tous les ministères, depuis celui Montesquiou jusqu'à celui de Polignac, virent dévoué à leurs projets! » Préfet de la Drôme, M. de Talleyrand fut destitué après la révolution de juillet; protégé par son beau-père le diplomate, qui livre, à Londres, la Belgique à la sainte-alliance, il obtint les faveurs de M. Perrier.

COURRIER FRANÇAIS (26 juin).

Nous avons vu sous la restauration des préfets contraindre des imprimeurs à opter entre les impressions de la préfecture et la liberté de manifester leur opinion; nous les avons vus interdire la publication de telle feuille libérale sous peine de ruiner l'imprimeur en lui ôtant son brevet. Nous ne sommes pas encore arrivés à cet excès d'arbitraire, mais nous y marcherions à grands pas si l'opinion et le ministère ne faisaient justice de la conduite répréhensible de M. de Talleyrand, que nous avons signalée hier. Ce préfet du régime déchu, que M. Casimir Perrier a remis en activité, apparemment pour conserver les bonnes traditions, n'a pas craint d'enlever à M. Souquet, imprimeur à Arras, les impressions qu'il avait obtenues par adjudication, sous prétexte que M. Souquet imprime le *Propagateur* du Pas-de-Calais, journal qui déplait à M. le préfet, sans doute parce qu'il déplait au ministère. Mais M. le préfet avait-il le droit de faire un pareil acte d'autorité? Une fois que l'adjudication avait eu lieu, et que M. Souquet avait obtenu l'entreprise, après avoir soumissionné au plus bas prix, le préfet pouvait-il casser l'adjudication sous prétexte que l'adjudicataire imprime un journal de l'opposition? Est-ce que ne pas imprimer le *Propagateur* était une des charges de l'adjudication? Ainsi, non seulement le préfet a commis un acte arbitraire, mais, grâce à son antipathie pour le *Propagateur*, la préfecture paiera plus cher ses impressions, puisqu'elle est obligée de ne pas les donner à l'imprimeur qui avait consenti aux prix les moins élevés.

Au reste, l'importance du fait est moins dans le fait lui-même que dans le nouvel indice qu'il fournit du retour aux plus misérables doctrines de la restauration, à ces persécutions mesquines contre l'opposition, à cette antipathie, à cet effroi de tout ce qui n'applaudit et ne flatte pas. Comment veut-on, en effet, qu'il n'en soit pas ainsi quand on s'obstine à employer des hommes dressés au régime inconstitutionnel des ministres de Charles X, des hommes qui, s'ils étaient attachés au gouvernement qu'ils ont servi, et l'on sait combien ce gouvernement exigeait d'aveugle dévoûment, ne peuvent qu'être antipathiques au régime actuel, le servir à contre-cœur, lui créer des embarras et des ennemis? Comment veut-on que le pays mette quelque confiance dans une administration qui choisit la plupart de ses agens dans tout ce qui peut offrir le moins de garantie à la révolution de juillet?

S'il n'y eût eu qu'un imprimeur à Arras, et que M. Souquet n'eût pas eu assez d'indépendance pour préférer son opinion à son intérêt; le *Propagateur* aurait donc cessé de paraître? Conçoit-on qu'un tel fait puisse être possible aujourd'hui; et conçoit-on que le monopole de l'imprimerie, véritable atteinte à la liberté de la presse, n'ait pas encore été aboli? C'est un des premiers travaux dont la nouvelle chambre doit s'occuper, la nécessité en fut hautement proclamée dans la dernière session; l'acte arbitraire de M. de Telleyrand semble la rendre encore plus évidente et plus pressante.

NOTE DU RÉDACTEUR DU PROPAGATEUR.

Nous l'avions prévu, nous l'avions dit dans notre dernier numéro, et tout esprit qui connaît la portée d'un légitime reproche adressé à l'autorité en France, l'avait prévu et dit avec nous : il était impossible que la presse restât muette sur l'attentat dirigé contre elle dans la personne de M. Gustave Souquet. On a exhumé de poignans souvenirs; on a fouillé dans l'arsenal de la biographie : et nous pensons qu'à l'heure qu'il est M. le baron de Talleyrand se repent amèrement d'avoir appelé sur sa tête une tempête de reproches aussi foudroyans. Le *National* jette à bas l'écorce d'une popularité menteuse pour mettre à nu *l'afféterie d'un petit roi du droit divin*; et il signale ensuite *une atteinte porté à la liberté de l'industrie, des entraves à la publication d'un journal patriote*. La *Révolution* pense que *sans se rendre coupable de prévarication*, M. le baron de Talleyrand ne peut donner à d'autres l'adjudication dont M. Souquet a été le plus bas soumissionnaire, sans surcharger le budget des communes, des hospices, d'une augmentation dans le prix d'une impression qu'on avait soumissionnée à meilleur marché.

Les Communes rappellent les odieuses manœuvres des préfets de Villèle et de Polignac, et « croient encore être en l'an de grâce 1829. »

Le Commerce se souvient de l'effet que produisit sous le pouvoir déchu « un débat absolument pareil entre le préfet des Bouches-du-Rhône et l'imprimeur du *Sémaphore* et il espère que M. Casimir Perrier blâmera cet excès de zèle du ci-devant préfet de M. de Polignac. »

Le Globe s'écrie : « Est-il donc bien légal d'enlever à un imprimeur une fourniture qui lui a été bien et dûment adjugée ? »

Le Courrier déplore « qu'on s'obstine à employer des hommes façonnés au régime inconstitutionnel des ministres de Charles X, des hommes qui ne peuvent être qu'antipathiques au régime actuel, le servir à contre cœur, lui créer des embarras et des ennemis. »

Suivant l'*Avenir* « M. le préfet aurait compromis sa responsabilité en sacrifiant ainsi les intérêts de ses administrés à ses préventions contre un journal. »

Le Temps lui-même qu'on n'accusera pas d'être révolutionnaire, espère « qu'une réprimande sévère de l'administration fera justice d'une prétention qu'il compare aux plus déplorables erremens de la restauration. »

Ce n'est pas nous qui avons appelé une défaveur aussi générale et aussi publique sur le nouveau préfet. Si dans les salons de Paris on a murmuré en souriant le nom du noble baron, en l'associant à celui de son cousin et de son beau-père ; si le préfet dans sa solitude administrative cherche en vain une main amie qui presse la sienne et le console ; si dans tous les lieux publics le peuple parle de lui avec colère ; est-ce nous qui lui avons créé cette immense impopularité ? N'est-ce pas lui-même qui n'avait rien oublié, comme ses confrères les émigrés qui n'avait pas eu le bon esprit d'oublier son nom fatal à la France, et ses habitudes de préfet inconstitutionnel ? Pourquoi se rappeler la Drôme au Pas-de-Calais ? Pourquoi dans une ère de liberté ressusciter la tyrannie mesquine et les absurdes persécutions d'un régime à jamais aboli.

M. Souquet croit devoir terminer ici l'opinion des journaux, en rappelant cependant que plus de cinquante journaux de départemens ont rapporté en tout ou en partie l'article du *Propagateur*, en s'élevant, avec force, contre l'acte arbitraire, illégal et inconstitutionnel dont il se plaint.

www.ingramcontent.com/pod-product-compliance
Lightning Source LLC
LaVergne TN
LVHW010320230826
846091LV00009B/3737
9782012469327